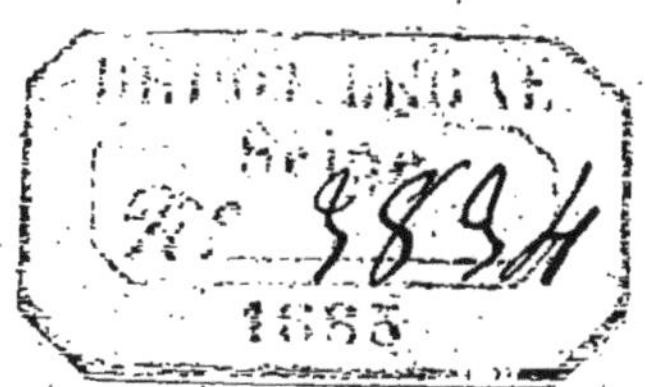

MESSIEURS

COQUEREL

MESSIEURS

COQUEREL

PAR

E. STRŒHLIN

Docteur en théologie
Professeur à l'Université de Genève.

PARIS
LIBRAIRIE FISCHBACHER
SOCIÉTÉ ANONYME
33, RUE DE SEINE, 33

1883

EXTRAIT DE LA FRANCE PROTESTANTE

7e Fascicule *de la deuxième édition*

(Tome IV)

Librairie FISCHBACHER, 33, Rue de Seine
PARIS

Tiré à cent exemplaires

Paris. — Imp. Ve P. Larousse et Cie

COQUEREL. Sur les registres du temple de Charenton, à la date du 30 mai 1677, était inscrit le mariage de Charles-Paul Coquerel, peintre, fils de Charles Coquerel, entrepreneur de bâtiments, et de Madeleine *Choisy*, avec Anne-Marguerite, âgée de 20 ans, fille de Nicolas *Portefin*, peintre en miniature, et d'Elisabeth *Behours*. Les deux époux firent baptiser au même temple, 7 janvier 1685, une fille, Marie-Anne. — Louis de Coquerel, imprimeur protestant à La Rochelle, 1685 (*Bull.* VII 274). — Il y avait aussi une ou plusieurs familles Coquerel dès le xve siècle, à Rouen[1],

1. Hector Coquerel, conseiller du roi, l'un des commissaires ordonnés à tenir l'eschiquier de Normandie à Rouen, 1453. — Jacques Coquerel, escuier, advocat en la cour à Rouen, 1637. (Bib. nat. pièces orig. 19022, nos 1 et 9.)

qu'aucun document, il est vrai, ne nous permet de supposer protestante, mais dont *Tallemant des Réaux* nous fait connaître un membre comme étant renommé dans l'art de bien dire. Nous voulons parler de l'anecdote suivante, insérée à la suite des *Historiettes*, au chapitre des Naïfvetez, anecdote qui, pour être saugrenue, n'en constate pas moins un fait : « Un maquignon, de Rouen, voulant vanter son cheval, dit : « Il a la bouche ad- « mirable et a, pour tout dire, une » bouche de Coquerel. » C'estoit un ad- » vocat célèbre en Normandie. »

2. COQUEREL, famille originaire de Normandie, dont les membres, au XVIIIe siècle, étaient catholiques et exerçaient, dès longtemps à Rouen, la profession de jardinier-fleuriste.

I. MARTIN-LAURENT COQUEREL, qui la représentait, eut de son mariage avec la fille d'un pauvre gentillâtre des environs, nommé Bachelet, huit enfants dont les noms de baptême attestaient l'ardeur de ses croyances religieuses. La plus jeune de ses filles, Monique, fit un beau mariage et fut la première, entre les Coquerel, amenée par les circonstances romanesques dans lesquelles cette union s'accomplit à professer ouvertement le protestantisme. Elle épousa, 17 juillet 1775, l'héritier d'une ancienne famille de robe, Augustin *Thomas*, petit-fils de

Pierre Thomas, seigneur du Fossé, l'ami de Pascal, de Nicole et des jansénistes, rédacteur des Mémoires de Port-Royal et compagnon de tous les labeurs de Lemaistre de Sacy et de Le Nain de Tillemont. Comme il arrive souvent dans les familles, le jeune homme, prenant le contre-pied des doctrines qu'il avait vu et entendu professer par ses pères, se fit protestant et ardent républicain[1]. Son mariage étant fort mal vu de sa famille, il passa en Angleterre avec sa jeune femme. Là ils rencontrèrent secours et sympathie auprès de la femme et des filles d'un militaire retraité, Charles Williams, qui résidait à Aberconway, dans le pays de Galles. Lorsque plus tard les tribunaux les eurent réintégrés dans la possession de leurs biens, ils attirèrent assez souvent à leur château du Fossé leurs anciennes protectrices pour que ces relations amicales aboutissent au mariage du neveu de Monique, ATHANASE-Marie-Martin Coquerel, avec miss Cécilia Williams.

1. Voici un acte tiré des archives de la commune de Forges-les-Eaux, près Rouen, et publ. par M. Edm. Le Blant, dans la revue intit. *le Correspondant* (1874). «Ce jourd'hui est comparu (30 brum. an II) le citoyen Augustin-François Thomas, domicilié en la comm. du Fossé, cant. de Forges, lequel a déclaré que, fier de l'honorable titre d'homme libre et d'être républicain, il venait déposer sur le bureau ses vains titres, paperasses, dignes momeries de la féodalité, de la vanité, de l'orgueil et de la tyrannie, pour être livrés aux flammes,» etc.

II. De cette nouvelle union naquit, à Paris, le 17 août 1795, le futur pasteur de l'église réformée, Athanase-Laurent-Charles Coquerel. Ce furent son aïeule et ses tantes maternelles qui, à cause de la mort prématurée de ses parents, se chargèrent de son éducation. Dès son enfance, il fut nourri de traditions huguenotes et libérales, car les dames Williams descendaient de covenantaires écossais qui avaient combattu contre Charles Stuart, et se trouvaient alliées à une famille de marchands de la Rochelle, fixés dans la Grande-Bretagne depuis la révocation de l'édit de Nantes; ensuite son grand-oncle, Augustin du Fossé, avait protesté au sein du consistoire de Rouen contre la tyrannie des confessions de foi et défendu, dans une série d'opuscules, les thèses unitaires. La profondeur des impressions qu'il puisa dans ce pieux commerce ne fut certainement pas étrangère au désir ressenti par lui et son jeune frère, Charles, de consacrer leurs forces au service de l'Eglise réformée de France. Miss Helena Williams était poète à ses heures, et ce fut avec une douce émotion que son neveu et son petit-neveu, Athanase Coquerel fils, entendirent à diverses reprises chanter un bel hymne d'elle, dans plusieurs églises de l'Angleterre et des Etats-Unis. Aussi M. Coquerel s'acquitta-t-il d'un pieux devoir de reconnaissance lorsqu'en 1829 il dédia à sa mémoire ses « Esquisses poétiques de l'Ancien Testament ».

Pendant les années qui précédèrent la Terreur, les dames Williams avaient réussi à grouper autour d'elles plusieurs hommes des plus distingués : Al. de Humboldt, dont l'amitié ne se démentit pas dans les circonstances les plus critiques, les deux Chénier, Ginguené, Bernardin de Saint-Pierre, J.-B. Say, le peintre Gérard, l'évêque républicain Grégoire, les pasteurs Rabaut-Saint-Etienne, Marron, Jean Monod. L'intelligence déjà vive et ouverte du jeune Athanase se développa rapidement dans un milieu aussi propice ; ce fut dans le salon hospitalier de ses tantes qu'il contracta avec M. Frédéric Monod, son aîné seulement d'une année, des relations d'amitié assez solides pour qu'elles ne pussent jamais être altérées par les plus graves dissentiments dogmatiques.

Les deux frères, après avoir séjourné quelque temps dans une pension de Genève, furent envoyés, en 1811, à Montauban, pour s'y préparer en vue du saint ministère, mais Athanase fut le seul qui poussa ses études jusqu'à leur complet achèvement et obtint, en 1816, le grade de bachelier en théologie, après avoir présenté une thèse sur l' « Existence de Dieu prouvée par la contemplation de l'univers ». Lorsque, après une absence de cinq années, il revint à Paris, sa famille se trouvait dans une situation pécuniaire des plus pénibles ; il s'efforça aussitôt de lui être utile, en aidant miss Helena Williams dans sa traduction des œuvres de Humboldt et ses autres publications ; mais, malgré l'ardent désir qu'il éprouvait d'une position stable, il n'en refusa pas moins une place avantageuse de pasteur à Saint-Helier, dans l'île de Jersey, qui lui avait été offerte à cause de sa parfaite connaissance de la langue anglaise ; il ne voulait pas prendre des engagements contraires à sa conscience et signer les 39 articles de la confession anglicane. Peu après, le 2 nov. 1817, lors de la célébration, par l'Eglise réformée de France, du jubilé triséculaire de la Réformation, il occupa la chaire de l'Oratoire et choisit pour texte le prophétique avertissement adressé par Gamaliel au sanhédrin. Son discours, malgré d'inévitables défauts de jeunesse, se distinguait déjà par cette élévation de pensée et cette ampleur de style qui lui ont assuré une place si honorable parmi les orateurs contemporains.

La hardiesse de ses idées dogmatiques, qui lui avait interdit l'accès de la Grande-Bretagne, était faite tout au contraire pour lui ouvrir le chemin des Pays-Bas. Le vieil ami de sa famille, M. Marron, qui était lui-même Hollandais et avait rempli, à Paris, les fonctions de chapelain de son ambassade avant de devenir le pasteur de la nouvelle communauté réformée, l'engagea à se rendre à Amsterdam pour y donner des prédications pendant un intérim de quelques semaines; son succès fut si complet que les membres de la paroisse vacante ne voulurent plus d'autre conducteur spirituel et que les professeurs de Leyde et d'Utrecht lui demandèrent de célébrer une fois par mois le service divin dans les chapelles de leurs Universités. Arrivé en Hollande, pour un séjour de quelques semaines, le jeune ministre s'y vit retenu par la sympathie universelle, et n'y demeura pas moins de douze années, de 1818 à 1830. Ce séjour à l'étranger fut des plus féconds pour son développement spirituel. Appelé à prêcher tous les quinze jours devant un auditoire d'élite, devant les descendants de ces réfugiés qui, depuis la révocation de l'Edit de Nantes, avaient tenu à être édifiés dans leur langue maternelle pour conserver toujours un lien avec leur première patrie, il justifia la confiance qui lui était témoignée par les qualités non seulement les plus brillantes mais les plus solides, et surtout par une méditation approfondie des saintes Ecritures. L'orateur, qui plus tard déploya une si remarquable facilité d'improvisation, se fit, pendant cette première partie de son pastorat, un devoir d'écrire et d'apprendre par cœur tous ses discours. L'un d'eux, sur l' « Avenir des enfants », prononcé en 1820 à l'occasion de la naissance de son fils aîné, produisit une si vive impression que la famille royale l'invita à le répéter dans la chapelle de La Haye et que la princesse d'Orange se le fit transcrire pour son édification personnelle. Les deux premiers volumes de sermons que publia M. Coquerel parurent en 1819 et en 1829 à Amsterdam, en partie pour satisfaire ses nombreux auditeurs, en partie aussi pour réfuter de la manière la plus probante les accusations d'incrédulité que commençait à répandre contre lui le parti orthodoxe.

L'érudition théologique, à la fois si sagace et si minutieuse, de la Hollande fut mise par lui largement à profit dans sa « Biographie sacrée » (quatre volumes dans la première édition, Amsterdam, 1826; deuxième édition, complètement refondue en un gros volume in-4°, Paris 1837), ouvrage des plus consciencieux et des plus substantiels, dépassé sans doute de tout point par la critique actuelle, mais qui, à l'époque de son apparition, combla dans la littérature du protestantisme français une sérieuse lacune. Le même intérêt scientifique l'inspira dans sa lettre à son frère Charles sur les hiéroglyphes (1828, une deuxième parut en août 1833 dans les *Annales de philosophie chrétienne*), où il s'efforça d'utiliser, pour une interprétation plus saine de l'Ancien Testament, les découvertes de l'Egyptologie. Ce fut également dans cette période qu'il jeta les premières bases de son « Cours de religion chrétienne », de son « Christianisme expérimental », et qu'il rassembla les matériaux d'un ouvrage que les travaux toujours croissants de son ministère l'empêchèrent de mener à bonne fin, l' « Histoire de la Providence », qui aurait devancé la solide apologie de Bunsen, « Dieu dans l'histoire ». Dans une sphère plus modeste, il traduisit, en 1829, de l'anglais, pour l'édification des petits et des simples, les belles hymnes de Madame Barbauld, une amie de miss Williams. Son activité littéraire se manifesta enfin par une collaboration assidue aux « Mélanges de religion et de critique » de Samuel Vincent, aux « Annales protestantes », aux « Archives du christianisme », à la « Revue protestante », successivement dirigées par son frère Charles.

Athanase Coquerel, malgré la considération dont il était entouré en Hollande ne désirait rien aussi ardemment que de consacrer ses forces au développement de l'Eglise réformée de France, où ses ouvrages théologiques étaient appréciés selon leur juste mérite et où sa réputation d'orateur chrétien s'affermissait toujours davantage. Déjà, en 1823, le Consistoire de Bordeaux lui avait adressé à une forte majorité un appel auquel il se montra très sensible, quoiqu'il ne crût pas pouvoir l'accepter; en 1830, il fut de nouveau question de lui pour remplir à Montauban la chaire de morale évangélique et d'éloquence sacrée, laissée vacante par la mort de M. Frossard. M. Cuvier, alors chef de la section des cultes non catholiques, qui l'entendit prêcher lors de son passage, résolut d'assurer à l'église de Paris le concours d'un prédicateur aussi éminent et le fit agréer comme suffragant de M. Marron, alors octogénaire; le 7 septembre 1832, il était nommé pasteur titulaire en remplacement de son vénérable ami. Trente-huit années de sa vie furent données par lui avec un dévouement sans réserve à cette église dont ne parvinrent à le détacher ni la souffrance ni l'injustice. Il revint dans sa ville natale le jour même où en sortirent pour toujours les Bourbons et où les rues étaient encore obstruées par les barricades de la révolution victorieuse.

Réorganisée officieusement, dès l'an 1787, par les soins de Marron et de Rabaut-Saint-Etienne, officiellement en

1802 par la loi de germinal, l'église de Paris n'était pas encore sortie, en 1830, de la période de formation. M. Coquerel nourrit la sainte ambition de lui reconquérir une place digne de son glorieux passé; quelques années ne s'étaient pas écoulées que, grâce à l'éclat de sa parole, à la vigueur de sa plume, à l'excellence et à la multiplicité des œuvres dont il prit l'initiative, il avait réussi à grouper des adhérents épars, à fonder des écoles et des lieux de culte, à créer à la bienfaisance des ressources nouvelles, à ouvrir au Protestantisme progressif une splendide carrière. De l'aveu même de ses adversaires (*Témoignage*, 18 janvier; *Revue chrétienne*, 4 fév. 1868), il assura à la foi Chrétienne une notoriété et lui gagna, dans la société cultivée, des sympathies telles qu'elle n'en avait jamais possédé dans une aussi large mesure depuis la révocation de l'édit de Nantes. Parmi les plus précieux témoignages de son activité pastorale nous citerons: la réorganisation du culte de l'église Sainte-Marie, jusqu'alors peu fréquenté parce qu'il était mal desservi, et l'ouverture, avec l'aide de quelques personnes pieuses, d'un lieu de culte à Batignolles (25 déc. 1835). Très préoccupé dès son retour à Paris, de l'instruction religieuse de la jeunesse et des déficits qu'elle offrait pour les élèves protestants, il profita de l'amitié du pédagogue distingué qui dirigeait l'institution de Saint-Victor, depuis collège Chaptal, pour y donner, à partir de 1831, des cours très suivis et fut nommé en 1841 aumônier du collège Henri IV, sur la demande des parents libéraux qui désiraient pour leurs fils un enseignement conforme à leurs propres croyances. Entre les nombreuses associations charitables, la société biblique et la société pour l'instruction primaire furent celles qui l'intéressèrent au plus haut degré et auxquelles il accorda le plus volontiers le concours de son éloquence.

Athanase Coquerel vivra surtout comme grand orateur et ceux qui l'ont suivi pendant sa longue carrière n'oublieront jamais sa parole austère, chaleureuse et énergique, la sympathique largeur de la pensée, son ardent désir d'approprier les vérités éternelles de l'Evangile aux plus légitimes aspirations de la société contemporaine. Ses sermons furent suivis par beaucoup de personnes pieuses et éclairées, qui, sans appartenir officiellement à la même église, éprouvaient le besoin d'un culte en esprit et en vérité ; plusieurs catholiques de naissance furent amenés par lui à faire profession publique de protestantisme. Si Adolphe Monod fut pendant la même période, dans l'église de Paris, le plus éloquent défenseur des doctrines du *Réveil,* Athanase Coquerel mit sa gloire à prêcher un Christianisme humain et progressif qui s'adressait avant tout à la conscience et développait, en les rajeunissant, les immortels principes de la Réforme. Avant même qu'il eût commencé son discours, il avait produit sur son auditoire une salutaire impression par l'autorité avec laquelle il lisait nos vénérables liturgies; obligé, depuis son retour à Paris, par les accablants devoirs de son pastorat, de recourir à l'improvisation, il se préparait à sa tâche par une méditation assidue de son sujet, en résumait les grandes lignes dans une brève et substantielle analyse et n'abandonnait au hasard du moment que les mots, servi comme il l'était par une forte culture classique et une imperturbable correction de langage. Pendant un ministère qui a duré près d'un demi-siècle, Athanase Coquerel est monté en chaire 1660 fois : le premier sermon qu'il prêcha à Montauban comme étudiant, le 14 janvier 1813, avait pour texte les paroles mêmes que sa veuve, cinquante-six ans plus tard, inscrivait sur les lettres qui annonçaient son décès. « Bienheureux sont ceux qui meurent au Seigneur. » Le dernier qu'il ait pu préparer entièrement et dont le thème était « l'Attente de la

Moisson, » fut prononcé à l'Oratoire le 17 février 1867 : quelques semaines plus tard, le 19 avril, il se fit entendre pour la dernière fois, dans le même temple, sur une parole de Jésus qu'il affectionnait tout particulièrement et dont, mieux que tout autre, il faisait sentir les insondables profondeurs : « Femme, voilà ton fils. » On a trouvé parmi ses papiers 893 sermons dont 292 écrits en entier et le reste sous forme d'analyses suffisamment développées pour servir au besoin de thèmes à de nouvelles prédications. Sur ce nombre, 90 ont été publiés et comprennent la matière de six volumes ; la substance de 110 autres a été concentrée en un volume sous le titre plus familier de « Méditations » (1859); 10 enfin ont paru détachés. Parmi ceux qui furent le plus remarqués, nous citerons : « le Salut dans toutes les églises » (1840); trois discours sur « le pauvre et le riche », à l'occasion des utopies sociales (1848) ; « la Mort seconde et les peines éternelles, » dirigé contre le dogme barbare de l'irrémissible damnation des pêcheurs (1851) ; deux discours prononcés lors de la consécration au saint ministère de ses deux fils Athanase et Etienne (Nîmes 1843; Pentemont 1853); « les Ames qui périssent » (1853), une profession d'universalisme chrétien) à laquelle Adolphe Monod crut devoir répondre la même année par son sermon sur « l'Exclusivisme ou l'Unité de la foi »); « la Liberté chrétienne et l'Autorité, » prêché à l'Oratoire, le 13 mars 1864, à l'occasion de la destitution de M. Ath. Coquerel, fils. Son fils aîné, dans la pieuse notice par lui insérée dans *le Lien* (18-25 janvier 1868), s'est plu à relever le nombre des actes pastoraux accomplis par M. Coquerel père : savoir 441 services funèbres, 1,282 mariages dont plusieurs mixtes, 2,070 baptêmes ; le chiffre des catéchumènes reçus par lui s'élève à 1,238, parmi lesquels figurent d'assez nombreux prosélytes.

A côté de cette carrière oratoire, Athanase Coquerel en remplit une littéraire, tout aussi féconde. Parmi les ouvrages qu'il composa depuis son retour en France, nous indiquerons : 1° Cours de religion chrétienne à l'usage de ses catéchumènes (Paris 1833, deux éditions subséquentes) ; 2° « Histoire sainte et analyse de la Bible », destinée à des élèves plus jeunes (Paris 1839, trois éditions subséquentes) ; 3° « Lettre à M. Guizot » toute vibrante de la passion huguenote à propos d'un article inséré par l'illustre homme d'Etat dans la *Revue Française* sur « le Catholicisme, le Protestantisme et la philosophie en France » (1838 in-18) ; 4° « Lettre à un pasteur sur l'organisation des Églises réformées » ; 5° « l'Orthodoxie moderne » dans laquelle l'auteur, avec un ingénieux à propos, montre combien la conception libérale du christianisme se rapproche davantage des enseignements de l'Evangile que les dogmes du XVIe siècle remis en honneur par la théologie du réveil (1841) ; 6° « Réponse au docteur Strauss » à propos de la vie de Jésus, une des réfutations tout ensemble les plus modérées et les plus solides qui aient été faites de ce livre célèbre au point de vue de l'ancien libéralisme (1841) ; 7° « Lettre à M. le pasteur Juillerat » à propos de la société dite des Intérêts généraux qui se proposait de rétablir dans l'église réformée de France une confession de foi et d'en exclure tous les pasteurs opposants (1842, 2 éditions); 8° « Lettre à l'archevêque de Lyon » sur la querelle de l'Université et de l'Épiscopat (1844) ; 9° Le « Christianisme expérimental, » essai d'une dogmatique progressive, qui s'efforçait de légitimer l'évangile par son accord avec la conscience et la raison humaines et substituait, à l'autorité en matière religieuse, la méthode du libre examen (2 éditions, 1847 et 1866) ; 10° Deux brochures polémiques à propos d'un nouveau culte institué par l'Eglise romaine en l'honneur de la Vierge Marie : « le Culte de la Vierge », « un dogme nouveau concernant la Vierge Marie » (1855); 11° « Traité des mariages mixtes » (1857); 12° « Christologie » ou « essai sur la personne et l'œuvre de Jésus » dans lequel l'auteur, par une inspiration généreuse, cherchait à réunir les diverses églises sur un terrain commun de conciliation et remplaçait les formules vieillies de Nicée par les thèses à la fois plus simples et plus compréhensives de l'unitarisme (1858); 13° « Observations pratiques sur la prédication, » l'œuvre d'un maître où la piquante bonne grâce du style rehausse encore la sagesse des conseils (1860); 14° « Création de deux nouvelles places de pasteur dans l'église réformée de Paris », une vigoureuse protestation contre l'abus qu'une faible majorité orthodoxe faisait de son pouvoir vis-à-vis d'une importante minorité libérale (1860); 15° « Projet de discipline pour les églises réformées de France » (1861); 16° « Athalie et Esther de Racine avec un commentaire biblique » excellent et auquel M. Paul Mesnard a fait de larges emprunts dans son édition des « Grands Ecrivains de la France » (1863). M. Coquerel aimait à se délasser des fatigues de la cure d'âmes et des austères labeurs du cabinet par de gracieuses compositions poétiques dont il a réuni quelques-unes (poème du « Calendrier, » drame biblique d'Azael) tandis que la majeure partie est demeurée inédite. La plupart de ses ouvrages ont été traduits en hollandais, en anglais, en allemand, en danois, voire même en espagnol et en magyar.

Il nous reste à mentionner brièvement la circonstance que M. Coquerel appelait lui-même l'épisode politique de sa vie, épisode des plus honorables et qui n'interrompit pas un seul jour sa longue carrière de pasteur. En 1847, lorsque personne encore ne croyait au renversement du roi Louis-Philippe malgré l'imminence de la catastrophe, il avait écrit dans son « Christianisme expérimental » : La meilleure forme de gouvernement doit être cherchée dans l'évangile; je crois que l'évangile est profondément républicain. La sincérité de ses convictions libérales, jointe à l'éclat de son talent, le désignait tout naturellement au choix des électeurs. Plusieurs hommes politiques influents estimaient qu'il serait opportun d'introduire, dans la nouvelle assemblée constituante, deux ecclésiastiques appartenant l'un à l'église romaine, l'autre à l'église protestante, pour discuter en connaissance de cause les changements qu'il conviendrait d'apporter à l'organisation de chacune d'entre elles; ils tombèrent d'accord pour proposer soit le pasteur de l'Oratoire, soit M. de Guerry, alors curé de Saint-Eustache. Quelques-uns de nos corêligionnaires qui avaient formé un comité particulier et qui redoutaient beaucoup la possibilité de la séparation de l'Église d'avec l'Etat, auraient même désiré deux représentants, l'un appartenant à la confession réformée, l'autre à la confession d'Augsbourg, ce dernier en la personne de M. Verny. Le succès de M. Coquerel fut complet dans tous les clubs devant lesquels il parla, malgré l'opposition de quelques agents du parti méthodiste qui ne pouvaient lui pardonner sa largeur doctrinale et le rendaient solidaire d'articles récemment publiés par son frère Charles, dans *le Lien*, sur la nouvelle institution des diaconesses, par lui assimilée à un couvent protestant. Des divers ecclésiastiques qui se présentèrent aux suffrages des électeurs de la Seine, M. Coquerel fut seul nommé député par 109,934 voix, le 31me sur 34; il réunit également dans le Gard une minorité de 16,398 voix; lors des élections à la Législative, il obtint, sans avoir rien fait pour sa nomination, un nombre de voix encore plus considérable que le précédent : 110,540.

Son attitude à l'assemblée, rendue parfois délicate par son caractère pastoral, demeura toujours des plus dignes. S'il ne remporta pas à la tribune politique des succès oratoires aussi éclatants que dans la chaire chrétienne, il n'en fut pas moins toujours écouté avec une sympathique attention et fit partie, en qualité de président ou de rapporteur, de plusieurs commissions importantes. Républicain modéré, il soutint de sa parole et de ses votes le gouvernement du général Cavaignac. Ses actes parlementaires les plus connus sont : la motion qu'il présenta avec son collègue, M. Buvignier, pour l'abolition immédiate de la peine de mort ; son rapport sur l'organisation de l'assistance publique ; un excellent discours sur l'instruction publique à propos de la loi présentée par M. de Falloux ; un autre plus célèbre encore et qui lui fut vivement reproché dans la suite par ses coreligionnaires de toute nuance en faveur de la deuxième expédition de Rome. Profondément impressionné par la nouvelle du meurtre de Rossi, M. Coquerel crut devoir, en sa qualité de pasteur protestant, flétrir l'ingratitude du peuple romain et déclara que la chute de la papauté devait être le résultat non d'un mouvement politique, mais de l'abandon général des fidèles. Après le coup d'Etat du 2 décembre, il rentra pour toujours dans la vie privée, mais demeura fidèle jusqu'au bout à ses vieilles convictions républicaines. En

1849, il prit une part active au congrès général de la Paix, qui se tint à Paris sous la présidence de Victor Hugo ; il en fut même nommé vice-président. La séance de clôture eut lieu le jour anniversaire de la Saint-Bathélemy. M. Hugo, après la lecture du procès-verbal, fit allusion à cet événement néfaste pour montrer les immenses progrès qui s'étaient accomplis depuis lors, puisqu'un prêtre (l'abbé de Guerry) et un pasteur siégeaient à ses côtés. Dans un élan spontané, les représentants des deux confessions autrefois ennemies se levèrent et s'embrassèrent devant l'auditoire profondément ému.

Les dernières années du pastorat de M. Ath. Coquerel reçurent un surcroît d'illustration, mais aussi d'épreuves et de tristesse, par le conflit de tendances et de doctrines qui depuis de trop longues années sévissait dans l'église réformée de Paris. En 1844, il s'était vu fermer la chaire d'une église qui devait le jour à sa pieuse sollicitude, celle de Batignolles, par les pasteurs qu'y avait successivement appelés le Consistoire. En février 1864, son amour pour les principes fondamentaux du protestantisme, plus encore que sa tendresse paternelle, avait reçu de la destitution de son fils aîné une irréparable atteinte. La dernière fois qu'il reçut comme membres de l'église les catéchumènes de celui qui ne pouvait plus remplir les fonctions pastorales auprès de son troupeau bien aimé, le Vendredi-Saint de l'année 1867, il se borna à ces paroles déchirantes dans leur simplicité : « Tout ce que je vous ai dit, c'était à une autre voix que la mienne à vous le dire ». Il ne put continuer, étouffé comme il l'était par ses propres sanglots et ceux de l'assistance tout entière. En 1863, il s'était décidé à demander un suffragant, une démarche qui lui était singulièrement pénible, mais à laquelle il aurait dû se résoudre plus tôt dans l'intérêt de sa santé gravement ébranlée. Les trois ecclésiastiques présentés par lui se virent repoussés l'un après l'autre sous prétexte d'hétérodoxie. M. Coquerel combattit et souffrit jusqu'au bout, préférant renoncer à un repos dont il ressentait un urgent besoin plutôt que de se laisser imposer un auxiliaire qu'il n'aurait pas choisi lui-même et qui aurait prêché les doctrines exclusives dans cette chaire de l'Oratoire qu'il avait si longtemps remplie de sa libérale et sympathique éloquence. Le 17 mai 1867, lui parvint la douloureuse nouvelle de la mort de son fils Charles, directeur de l'hôpital de la Réunion. Il chercha la seule consolation qui lui convint dans la préparation d'un discours sur « la joie des réunions éternelles, » se contraignant au travail malgré ses angoisses physiques et morales, mais ses forces le trahirent la veille du dimanche où il devait monter en chaire. Une première congestion cérébrale mit fin pour lui, dans la nuit du 28 juin, à tout ministère actif; le 10 janvier 1868, une dernière attaque de paralysie emporta ce vénérable, mais toujours vaillant défenseur du christianisme progressif. D'un premier mariage contracté en 1819 avec Mlle Nancy Rattier, de Montauban (morte en 1825), il eut deux fils, ATHANASE et CHARLES, et une fille, Mlle Cécile Coquerel, mariée avec un négociant, M. Louis *Gay*, l'un des hommes qui ont le plus travaillé au développement de l'église protestante de Reims; d'un second mariage (1827) avec Mlle *Mollet*, issue d'une famille de commerçants de Marseille transportés, 1816, à Amsterdam, deux autres fils, ETIENNE, ministre du saint évangile et rédacteur du *Lien*, et PAUL, ingénieur civil. (STRŒHLIN.)

COQUEREL (CHARLES-AUGUSTIN), historien et publiciste, né à Paris le 17 avril 1797, bénéficia dans une mesure plus large encore que son frère aîné, en raison de la mort précoce de sa mère, de l'influence sérieuse et féconde de son aïeule et de sa tante Williams, tellement qu'au dire de son neveu et biographe, M. Ath. Coquerel fils (*Lien*, 15 février 1851), on ne saurait, sans cette éducation première, comprendre ni son caractère ni sa vie. Aux genoux de la première, il puisa, en effet, la fraîcheur et la simplicité du sentiment religieux, les convictions ferventes et tenaces, l'absolu dévouement à la cause huguenote qu'elle avait hérités de ses aïeux presbytériens, tandis que, sous la direction éclairée de l'autre et avec les bienveillants conseils des hommes distingués qui se réunissaient dans son salon, se développaient en lui la soif de tout connaître, l'enthousiasme pour le beau et le vrai sous toutes leurs formes, une activité d'esprit infatigable ; mais, au travers des études les plus multiples et les plus diverses, la foi chrétienne et protestante imprima le cachet de l'unité à cette existence aussi bien remplie intérieurement que modeste au dehors. Aussi ne serons-nous point surpris que Charles Coquerel eût choisi, comme son frère, la carrière pastorale, et se fût rendu en 1811 à la Faculté nouvellement créée de Montauban ; mais la luxation d'un bras et les graves embarras pécuniaires qui coïncidèrent, pour sa famile, avec la chute de l'Empire, le ramenèrent en 1815 à Paris, avant qu'il eût achevé le cycle de ses études préparatoires. Il n'en demeura pas moins, en dépit de la fortune adverse, un théologien laïque versé dans tous les problèmes de l'exégèse et de la critique, désireux d'asseoir sa foi sur des investigations indépendantes, résolu à servir en dehors des cadres cette Église réformée à laquelle il n'avait pu se consacrer par un ministère régulier.

L'ouverture et l'universalité de son intelligence lui rendaient facile de mener de front les recherches en apparence les plus opposées et de pousser fort avant l'étude des sciences naturelles, à laquelle il avait été initié dès sa plus tendre jeunesse par Alexandre de Humboldt, l'un des plus anciens et des plus fidèles amis de sa tante Williams. A la même époque, où il annotait Justin Martyr et se plongeait dans la lecture d'Eichhorn, de Gesenius et des autres rationalistes allemands contemporains, il abordait l'archéologie avec Letronne, la médecine avec Broussais, la chimie avec Gay-Lussac, auquel il servait de préparateur ; les hautes mathématiques avec Ampère, l'astronomie avec Arago. Une remarquable puissance d'assimilation, une exposition facile et lucide, un style piquant et spirituel dans sa simplicité le rendaient des plus aptes au rôle de vulgarisation qu'il remplit pendant de longues années, soit au *Courrier français*, pour lequel il rédigea le compte rendu hebdomadaire de l'Académie des sciences ; soit à la *Revue britannique*, dont il fut, en 1825, un des fondateurs, et où il inséra entre autres d'intéressants articles sur les étoiles filantes et les nébuleuses. La même sûreté d'informations et le même talent de style firent de Charles Coquerel un précieux collaborateur pour la collection de précis historiques entreprise par la librairie Lecointe et Durey. Il se chargea de l'*Histoire de Suède* (1 vol. in-18, 1824), et fit paraître, quatre années plus tard (1828, 1 vol. in-18), un abrégé de cette littérature anglaise qui lui était familière dès son enfance, et dont il résuma dans un tableau exact et brillant, malgré sa concision, les principales beautés. Déjà, auparavant, les résultats auxquels l'avaient amené ses méditations sur les vicissitudes du christianisme à travers les âges et son influence sur l'organisme social avaient été formulés par lui dans un traité aussi modeste par le volume qu'original et substantiel par le contenu : *Tableaux de l'histoire philosophique du christianisme* ou *Études de philosophie religieuse* (1 vol. in-18), dont il changea le titre en 1828, lors d'une deuxième édition, contre celui d'*Essai sur l'histoire générale du christianisme* (1 vol. in-8°). Deux caractères distinguent cet opuscule qu'accueillirent avec une extrême faveur, lors de son apparition, les représentants les plus autorisés du protestantisme français, Samuel Vincent à leur tête : la liberté d'examen revendiquée dans toute son étendue; une méthode spiritualiste de psychologie très heureusement substituée aux procédés de l'école de la sensation qui, grâce au nom de Condillac, n'avaient pas encore perdu tout empire sur les intelligences. Le succès obtenu fut assez vif pour engager l'auteur à reprendre les mêmes thèses sous la forme du roman didactique, si chère à l'époque de la Restauration : les entretiens (sous le titre de *Cariteas*, 1 vol. in-12, 1827) d'un vieillard avec un de ses jeunes disciples, sur les vérités essentielles de la religion et en particulier l'immortalité de l'âme. Les mêmes considérations élevées engagèrent, en 1831, Charles Coquerel à traduire le *Résumé de la démonstration du christianisme*, par l'illustre unitaire anglais Belsham, un ouvrage qui, dans sa pensée, offrait au public des Églises réformées françaises le double avantage d'être éminemment chrétien et de n'être aucunement mystique.

Par les facultés maîtresses de son esprit : promptitude, justesse et netteté de vues, élégante facilité de plume, multiplicité et brièveté dans la production, Charles Coquerel se voyait poussé vers la carrière du publiciste : aussi ne sommes-nous point surpris que, pendant dix années, de 1831 à 1841, il ait renoncé aux compositions de longue haleine pour consacrer toute son activité à la presse périodique. Comme tous les hommes distingués de sa génération, il avait, pendant les dernières années du règne de Charles X, suivi avec une attention passionnée les luttes de la politique et pris dans les journaux une part active aux campagnes de l'opposition. Il s'était même, à un certain moment, trouvé en relation étroite avec Lafayette, Benjamin Constant et les principaux membres de la société « Aide-toi, le Ciel t'aidera ; » mais il estimait trop haut son indépendance personnelle pour jamais briguer un emploi public, et aussitôt qu'après 1830 la victoire des principes libéraux lui parut assurée, il s'efforça de les faire triompher dans la sphère plus modeste des Églises réformées. Déjà, en 1817, on pouvait lire son nom, à côté de ceux des pasteurs Athanase Coquerel, Marron, Samuel Vincent, sur la liste des collaborateurs aux *Archives du christianisme*. Lorsque, en 1819, cette feuille, sous l'impulsion de M. Frédéric Monod, fut devenue l'organe de l'orthodoxie exclusive, Charles Coquerel ne craignit pas, malgré sa jeunesse et son inexpérience, d'en fonder une autre, les *Annales protestantes*, qui satisfit plus équitablement aux besoins de la fraction alors la plus nombreuse du protestantisme français. Quoique cette généreuse tentative n'eût pas été couronnée d'un succès immédiat, elle n'en fut pas moins reprise quelques années plus tard, en 1825, lorsque, avec la cessation des intéressants *Mélanges*, rédigés de 1820 à 1825, à Nîmes par Samuel Vincent, la nécessité d'un journal religieux publié à Paris se fit de nouveau et plus impérieusement sentir. Bien qu'il ne fût, à cette époque, qu'un jeune laïque isolé, dépourvu de ressources pécuniaires, inconnu à la très grande majorité des Églises, Charles Coquerel, au premier signal, ne s'en remit pas moins pendant cinq années (1825-1830) sur la brèche et lutta dans la *Revue protestante*, avec une spirituelle vivacité, contre l'invasion en France du méthodisme anglais et les tentatives d'un prosélytisme dont le zèle ne saurait racheter l'étroitesse. En 1843 enfin, nous retrouvons le courageux publiciste à la tête du *Lien*, qui venait d'être réorganisé, sur la proposition de M. Athanase Coquerel, par la conférence pastorale de Nîmes. Il suffit de parcourir, même rapidement, ce vénérable recueil pour se convaincre de l'abondance et de la sûreté de ses renseignements, comme aussi de la vigueur dialectique et de la hauteur de vues qui présidèrent à sa rédaction ; nous signalerons, parmi les pages les plus intéressantes, diverses séries d'articles sur les héros de la Réforme, les principaux événements qui s'accomplissaient en pays étranger, les plus importantes publications théologiques contemporaines. Du 1er janvier 1844 à la fin de l'année 1849, Charles Coquerel se voua tout entier et sans aucune rétribution pécuniaire à cet utile et modeste labeur ; par une singulière coïncidence, le dernier article qui soit sorti de sa plume fut aussi le seul auquel il ait jamais mis son nom, la nouvelle loi sur la presse ayant rendu la signature obligatoire. Sa meilleure consolation, au déclin de ses forces, se trouva, pour lui, dans la pensée d'avoir formé pour le journal qu'il avait tant aimé, en son neveu Athanase, un continuateur digne de lui par le caractère et le talent.

Toutes ces études, simultanément entreprises dans des domaines si divers, n'auraient pas suffi, malgré leur valeur très réelle, pour préserver son nom de l'oubli, si son *Histoire des Eglises du désert*, publiée en 1841, ne lui avait conquis, auprès des descendants des vieux huguenots, une légitime et durable popularité. Ses recherches, sans parler de l'enthousiasme dont l'avait rempli, dès sa jeunesse, le passé de la Réforme française, avaient de bonne heure été dirigées de ce côté par les étroits liens qui unissaient sa famille à celle de Paul Rabaut. Sa tante Williams avait, en effet, exposé sa vie pendant la Terreur pour offrir l'hospitalité à Rabaut-Saint-Étienne, qui lui était doublement cher, en sa qualité de patriote et de ministre du saint Évangile, et s'était montrée la fidèle amie du deuxième fils de l'héroïque cévenol, Rabaut Pommier, qui après avoir, lui aussi, siégé à la Convention et au Conseil des Cinq-Cents, avait rempli les fonctions pastorales à Paris lors du rétablissement des cultes. Ce fut par une intéressante biographie de ce zélé serviteur de Dieu, insérée en 1821 dans l'*Annuaire protestant*, que Charles Coquerel débuta dans la carrière historique. Mme Rabaut-Pommier ne pouvait mieux lui témoigner sa gratitude qu'en mettant à sa disposition les volumineux manuscrits qu'elle tenait de son mari et de son beau-père, et qui comprenaient, outre sa vaste et précieuse correspondance avec les pasteurs du Désert, très nourrie, surtout pendant la période de 1750 à 1775, les actes des synodes nationaux et provinciaux, des requêtes au roi, aux ministres, aux intendants; des brouillons de lettres adressées aux diverses autorités administratives et ecclésiastiques, des mémoires apologétiques en faveur des Églises du Désert, des listes de condamnés pour la foi, des carnets, des journaux, des notes concernant les démarches privées de Paul Rabaut ou les dangers de son ministère, des récits plus ou moins développés sur les événements religieux les plus marquants du Languedoc. Le jeune érudit se prépara à la noble tâche de raconter les exploits et les souffrances des ancêtres martyrs, en s'inspirant de l'esprit qui s'exhalait de ces feuilles vénérables, en leur joignant d'autres papiers recueillis auprès d'amis non moins dévoués des Eglises (le juge de Végobre, les pasteurs Marron, Durand, Frossard), en confrontant enfin tout le dossier huguenot avec les dépêches officielles des intendants et des ministres du roi déposées aux archives nationales. La parfaite conformité des deux narrations émanées de sources aussi divergentes, mettait la véracité des documents réformés au-dessus de tout soupçon, et c'est ainsi, suivant une ingénieuse remarque d'Athanase Coquerel fils, « qu'après un siècle, la voix de l'illustre proscrit du Désert, Paul Rabaut, et celle de ses persécuteurs, un comte de Saint-Florentin, un intendant Le Nain, s'entre-répondirent dans des pages simples et sévères, pour mettre au-dessus de toute contestation et la gloire de l'Église réformée française et les horreurs de l'intolérance moderne. » Les papiers Rabaut ne devinrent point la propriété de celui qui les avait si consciencieusement mis en œuvre, Mme Rabaut-Pommier ne les ayant confiés qu'à la condition qu'ils seraient déposés plus tard dans un établissement public et protestant de Paris. Les dernières volontés de cette respectable dame ont reçu leur exécution, puisque M. Ath. Coquerel fils, après en avoir tiré, à son tour, maint renseignement précieux, les a légués à la bibliothèque de la Société d'histoire du protestantisme français. Ces pièces ne furent pas les seules que recueillit le perspicace historien; tous les documents relatifs au passé de la Réforme avaient pour lui un trop vif intérêt pour qu'il négligeât une seule occasion d'en augmenter le nombre. A la collection Rabaut, s'ajoutèrent entre autres quelques centaines de lettres acquises en 1850 à la vente Paul Ferry. Lorsque la maladie lui eut interdit toute occupation active, il trouva une suprême jouissance dans la lecture de ces glorieuses *Annales de l'Eglise de France* et la contemplation de ces vénérables monuments de la foi réformée.

Le même désintéressement qui, après la révolution de Juillet, avait tenu Charles

Coquerel à l'écart de tout emploi public, l'engagea à remplir, au sein de l'Église de Paris, les modestes fonctions du diaconat, et à prendre une part active aux travau de la Société de la morale chrétienne, de la Société de prévoyance et de secours mutuels et d'autres associations protestantes. Lorque, au lendemain du 24 février 1848, l'Église réformée essaya de reconstituer ses antiques synodes, il fut envoyé à l'assemblée générale comme délégué par la circonscription de l'Ardèche, comme suppléant par celles du Tarn et du Lot-et-Garonne ; toutes trois voulurent rendre hommage au publiciste qui était tout ensemble, dans le passé, le docte historien de la période du Désert, et dans le présent, l'infatigable défenseur du rationalisme et du libre examen en matière de foi. Plusieurs commissions importantes, celles, entre autres, du projet d'organisation pour les églises, le comptèrent parmi leurs membres. Jusqu'à la fin, Charles Coquerel offrit, dans sa personne, la rare et touchante union de la foi ardente qu'il avait apprise aux genoux de son aïeule, avec une curiosité d'esprit qui, loin de reculer devant aucun problème, sympathisait avec les solutions les plus hardies de la critique d'outre-Rhin. Lorque la mort vint le délivrer, le 1er novembre 1851, après de longs mois de souffrance, elle le trouva calme, soumis à la volonté de Dieu, plein d'espoir dans une durée infinie d'existence et de perfectionnement, dont le monde d'aujourd'hui n'est qu'un commencement et un épisode, suivant la belle profession de foi qu'il avait insérée autrefois dans son roman de *Cariteas*, et que le pasteur Martin Paschoud se plut à rappeler sur sa tombe. (STRŒHLIN.)

COQUEREL (ATHANASE-JOSUÉ), pasteur et publiciste, né le 16 juin 1820 à Amsterdam, où son père exerçait le saint ministère. Dix ans plus tard, il quitta, pour Paris, sa véritable patrie spirituelle, la ville qui lui avait donné le jour, mais il n'en demeura pas moins attaché à la Hollande par d'indissolubles liens, et jusqu'à la fin de sa vie, il aima à s'intituler, suivant une expression locale : « een jonge » un garçon, d'Amsterdam. Les critiques qui prétendent expliquer une individualité de génie par les circonstances dans lesquelles s'accomplit son développement pourront rechercher l'influence exercée par les libres institutions de la Hollande, le commerce de ses érudits, la contemplation des chefs-d'œuvre de ses maîtres sur les convictions républicaines de M. Coquerel, sa solide culture théologique, son goût artistique si fin et si sûr.

En tout cas, un courant réciproque de sympathie ne tarda pas à s'établir entre le jeune prédicateur, au cœur si chaud, à l'intelligence si compréhensive, et les représentants de ces églises wallones si pieuses dans leur dogmatique hardiesse. A diverses reprises, il se fit entendre au milieu d'elles et y fut toujours accueilli comme un enfant de prédilection. En 1850, il monta dans la chaire d'Amsterdam, toute pleine encore des souvenirs paternels; en 1869, il donna à Amsterdam, à Rotterdam et dans d'autres villes sa belle conférence sur Rembrandt. Aucune occasion ne fut négligée par les Hollandais pour convertir en un séjour permanent ces trop rapides visites. Le 17 octobre 1871, entre autres, le consistoire d'Amsterdam lui adressa ce touchant appel : « Venez dans l'église de votre vénéré et bienheureux père, dans l'église de votre enfance; nous avons un pressant besoin d'un ministère tel que le vôtre. » Moins que jamais, M. Coquerel pouvait quitter son église de Paris, toujours nombreuse et vivace malgré la difficulté des temps, mais il ressentit une profonde gratitude de cette affection si chaude, malgré les années et la distance. Les Hollandais ne démentirent point, en cette occasion, leur réputation de persévérance traditionnelle, mais se consolèrent de ne pouvoir attirer jusqu'à eux le pasteur de leur choix, en lui confiant, le 9 février 1875, le grade de docteur en théologie *honoris causa*, lors du jubilé triséculaire de l'Université de Leyden.

Paris ne pouvait avoir sur un jeune homme aussi remarquablement doué qu'une action des plus propices. Un moment, avec ses brillantes aptitudes littéraires, il fut tenté d'embrasser la carrière de publiciste, mais ses propres goûts, plus encore que l'exemple et le désir paternels, le ramenèrent vers le pastorat.

En 1839, il se rendit à Genève avec cette recommandation donnée au nom du consistoire de Paris par M. Juillerat (9 septembre). « Héritier des talents paternels, il a déjà fait ses premières études avec distinction; puisse-t-il, en croissant sous vos yeux, dans la sagesse évangélique, devenir un des flambeaux de nos églises et les édifier surtout par sa piété. » Jamais prédiction ne s'est mieux réalisée, lors même que vingt-cinq ans plus tard on peut lire le nom du même M. Juillerat au bas de l'acte qui brisait le ministère du suffragant de M. Martin Paschoud.

Les nombreuses personnes qui ont connu M. Coquerel à Genève pendant ses années de jeunesse ont gardé de son amabilité, de son esprit, de sa verve, le plus charmant souvenir; mais, à cet agrément exquis dans le commerce, se joignaient des qualités plus solides et plus hautes. Le même proposant, qui remplissait de ses joyeuses chansons le recueil de l'auditoire, en imposait déjà à ses camarades par la fermeté de ses convictions et la noblesse de son caractère.

Entre tous ses professeurs, M. Munier, auquel le recommandaient de vieilles relations de famille, exerça sur lui la plus heureuse influence: il suivit son développement avec une paternelle sollicitude et mit tout en œuvre pour amener les beaux dons oratoires qu'il reconnaissait en lui à leur complète expansion. Des relations toujours plus affectueuses s'établirent entre le maître et le disciple, et, à la date néfaste de 1864, parmi les innombrables lettres qu'il nous a été donné de parcourir, celles de M. Munier se distinguent par la pénétration des vues et la haute cordialité.

M. Coquerel revint plus d'une fois dans la cité de Calvin depuis le temps de ses études : en 1848, pour y conduire son frère Étienne; en 1852, pour assister à la société pastorale suisse; en 1858, pour donner des conférences très applaudies sur Paul Rabaut et les forçats pour la foi ; en 1867, comme protestation contre l'ostracisme dont l'avait frappé le consistoire de Paris. Grâce à son tact parfait, il ne lui arriva jamais, même dans les circonstances les plus délicates, de froisser aucune conviction sérieuse, tandis qu'il gagnait par sa parole franche et généreuse toutes les âmes éprises de religion et de liberté. Les sympathies, d'ailleurs, étaient réciproques, la Suisse étant chère à M. Coquerel par ses institutions républicaines autant que par les glorieux souvenirs du refuge. Il lui prouva sa reconnaissance lors des inondations qui, en septembre 1868, ravagèrent la vallée supérieure du Rhin. Dans son discours en faveur des victimes (discours suivi d'une de ces abondantes collectes dont il possédait le secret), il s'écriait :

« Plusieurs centaines de pasteurs ont dû leurs études théologiques à l'institution fondée par Antoine Court. Celui qui vous parle se fait honneur d'être de ce nombre, et, en vous engageant à remplir un devoir de gratitude envers vos frères de l'Helvétie, j'ai une part de reconnaissance personnelle à acquitter. Quatre heureuses années de jeunesse que j'ai passées au sein d'une splendide nature et de l'hospitalité la plus cordiale, une foule de souvenirs précieux, la mémoire d'hommes excellents dont quelques-uns, les Sismondi, les de Candolle, les Topfer, les Cellerier, ont laissé après eux dans l'histoire une haute et digne renommée ;

enfin, l'amitié actuelle, chaleureuse, vivante, d'anciens maîtres toujours vénérés, de frères dans le ministère et d'autres encore m'ont fait un devoir bien doux de la tâche que j'accomplis en ce moment. »

De brillants examens, passés en 1843 à Strasbourg, terminèrent les études commencées quatre années auparavant à Genève, sous les meilleurs auspices. Il obtint avec la note « très satisfaisant » le grade de bachelier en théologie après la défense d'une thèse sur la topographie de Jérusalem, qui avait déjà été couronnée à Genève à la suite d'un concours ouvert par la vénérable compagnie. On pourra témoigner quelque surprise de ce qu'un candidat, si brillamment doué sous le rapport oratoire et littéraire, eût choisi un thème qui demandait, pour être traité avec succès, des connaissances précises et une méthode rigoureuse; mais, dès cette époque, M. Coquerel se sentait attiré par une irrésistible passion vers la Terre sainte.

Vingt-sept ans plus tard, en 1870, il écrivait dans ses notes de voyage sur la Galilée : « Il y a quelque trente ans, un savant professeur, qui avait l'esprit un peu minutieux, mais du reste justement aimé et vénéré par ses élèves (M. Cellérier) mit au concours, parmi eux, un mémoire sur la topographie de Jérusalem.

Malheureusement, il ne pouvait songer à envoyer les concurrents étudier sur sur place leur sujet. Un d'entre eux se procura, de côté ou d'autre, force livres où la question d'archéologie, d'histoire et surtout de voyage était traitée à tous les points de vue. En les lisant, il s'éprit de l'Orient et se promit bien de visiter la Palestine dès qu'il le pourrait. La modeste chambre de l'étudiant se peupla d'images orientales; toutes les splendeurs de l'Asie, son climat enflammé, les féeries de son architecture et de ses jardins, ses religions rivales aux brillantes légendes, les étranges aventures, les armes étincelantes de pierreries, le costume mystérieux des femmes, les contes des Mille et Une Nuits, les fables du Koran, les merveilleuses poésies des prophètes et des psalmistes, le profane et le sacré passaient et repassaient devant son imagination ravie... Faite et refaite avec amour, la thèse sur la topographie de Jérusalem laissa son auteur plus impatient que jamais de voir un jour ce qu'il avait essayé de décrire à l'avance. Il répétait souvent deux vers de Catulle, qu'il trouvait les plus beaux du monde : « Volons vers les villes illustres de l'Asie, nos âmes frémissantes d'impatience brûlent de les parcourir. » Longtemps des devoirs impérieux rendirent impossible cette excursion tant désirée ; mais des études continuelles sur la Bible ramenaient la pensée au même point. Des essais de traduction de l'Écriture firent sentir mieux encore la nécessité de connaître, au moins de vue, le sol de l'antique Syrie, ses cieux ardents et quelque chose de ses mœurs ».

En 1843 également, avant même qu'il eût complètement terminé ses études, M. Coquerel avait, sur la recommandation du professeur Cellérier, été désigné comme suffragant de M. Gardes de Nîmes. Ce vénérable pasteur appartenait à la tendance orthodoxe; il savait que son collaborateur, suivant une pittoresque expression de celui-ci, était né dans l'hérésie, élevé dans l'hérésie, baptisé par un pasteur hérétique, reçu dans l'Église par un pasteur hérétique, mais cette diversité dogmatique, loin d'altérer la cordialité de leurs rapports, ne fit que mettre en pleine lumière la pieuse déférence du jeune homme et la chrétienne largeur du vieillard. Le 26 octobre, M. Coquerel eut la joie de consacrer au saint ministère ce fils dans lequel il sentait revivre ses plus beaux dons spirituels. « Il était loin d'entrevoir », écrivait en 1868 ce dernier », les cruelles souffrances que son cœur paternel aurait à endurer au sujet de cette carrière pastorale qu'il ouvrait avec tant d'enthousiasme religieux, mais il l'aurait su qu'il n'aurait pas hésité; le service de la bonne cause, de l'Église et de Dieu tenait la première place dans ses préoccupations. » Soixante-huit pasteurs représentant toutes les nuances d'opinion qui se manifestaient alors au sein de l'Église réformée lui donnèrent l'imposition des mains; tous les témoins de cette cérémonie solennelle en ont gardé le plus édifiant souvenir, et trente années plus tard, jour pour jour, celui qui en fut le héros en parlait dans la salle de Saint-André avec une communicative émotion.

Répondant à ce reproche d'infidélité que ne cessait d'élever contre lui, en dépit des faits les plus patents, l'étroitesse théologique, il s'écriait avec une légitime fierté: Le serment que nous avons prêté, en voici les paroles caractéristiques, voici ce qu'il renfermait de plus essentiel, voici ce qui nous a liés de la manière la plus décisive : « Prendre pour base de notre foi la parole de Dieu contenue dans les livres sacrés et l'enseigner fidèlement selon notre conscience. Mes frères, aujourd'hui, après trente ans de ministère actif, à Dieu ne plaise qu'un seul instant je m'égare jusqu'à croire de ce serment-là que je l'aie assez fidèlement, assez activement, assez dignement tenu. Mais j'ai le droit de dire, et je dis de ce même serment, que je ne l'ai jamais violé ; j'ai le droit de dire, et j'affirme que, selon ma conscience, j'ai toujours prêché la vérité qui est la parole de Dieu, la vérité contenue dans nos livres saints, et que je l'ai enseignée fidèlement, non sans doute selon la conscience d'Augustin, l'évêque d'Hippone, ou d'Anselme, l'archevêque de Canterbury ; selon la conscience de Luther ou celle de Calvin, mais selon la mienne. J'ai cru, c'est pourquoi j'ai parlé. »

Il fut doux à M. Coquerel de commencer son pastorat sous les auspices de collègues aussi éclairés et aussi riches en expériences chrétiennes que les Gardes, les Tachard, les Ferdinand Fontanès, dans cette église de Nîmes, métropole religieuse du Midi qui jouissait d'une réputation méritée de libéralisme et dans l'histoire de laquelle se résumaient toutes les souffrances comme toutes les gloires du protestantisme huguenot. Des liens d'une nature plus intime ne tardèrent pas à l'y attacher après son mariage (24 juin 1844) avec Mlle Pauline *Donzel*, dans laquelle, au travers d'une vie laborieuse et agitée, il trouva toujours la plus affectueuse et la plus dévouée des compagnes, « sa conscience, » comme il aimait à l'appeler.

Lorque nous parcourons sa correspondance, nous sommes frappés, dès cette époque, de son incessante et multiple activité : cure d'âmes poursuivie avec une délicate et persévérante sollicitude, œuvres de bienfaisance, participation régulière aux conférences pastorales et comptes rendus dans le *Lien*, sermons, lectures et méditations théologiques, rien n'y manque, et aussitôt qu'il surgit une entreprise utile, on est sûr de le rencontrer au premier rang des promoteurs. De sa prédication d'alors fort goûtée et déjà remarquable au point de vue de l'art, nous ne possédons, aujourd'hui, qu'un seul spécimen imprimé, « un discours sur le plus grand commandement appliqué aux progrès de la foi » (1844), mais nous y constatons la présence de ses deux qualités maîtresses, le charme pénétrant et la noble simplicité.

Le consistoire reconnut ses bons services en le nommant, dans sa séance du 19 mars 1847, pasteur-adjoint, sur la proposition de M. Fontanès, mais une année ne s'était pas écoulée qu'un décret ministériel du 8 février 1848, signé par M. de Salvandy, l'appelait aux fonctions d'aumônier du collège Henri IV, laissées vacantes par la démission de son père. Le 15 novembre 1850, M. Martin Paschoud le choisit pour son suffragant, et le consistoire l'agréa en cette qualité pour une période de trois années. Ce ne fut pas sans un vif déchirement que M. Coquerel se sépara d'une église où il avait de prime abord conquis la sympathie générale; en dépit de l'éloignement, elle le regarda toujours comme son pasteur, puisqu'elle le chargea de la représenter aux deux synodes qui, à vingt-quatre ans de distance et dans un esprit tout différent, entreprirent de régler les destinées du protestantisme français. Des séjours annuels à une propriété de la famille Donzel, au château du Fesq, près de Quissac (Gard), permirent aux relations de se maintenir dans toute leur vivacité.

Le retour de M. Coquerel à Paris n'en fût pas moins déterminé par des motifs aussi nombreux que légitimes : nature des goûts et des aptitudes, besoin d'une activité intellectuelle à la fois plus variée et plus intense, espérance que suscitait chez les libéraux le mouvement politique et social inauguré par le nouvel ordre de choses, enfin et surtout désir ardemment exprimé et à plusieurs reprises par M. Coquerel père de le posséder auprès de lui pour qu'il l'aidât officieusement dans un vaste et pénible ministère. Aujourd'hui qu'il nous est donné de contempler dans son ensemble cette carrière pastorale de vingt-sept années (1848-1875), nous ne pouvons qu'applaudir à sa résolution. Si les années passées à Nîmes furent pour M. Coquerel celles de la préparation, Paris assista à son complet épanouissement. D'étroits liens de tardèrent pas à unir le jeune suffragant avec les familles qui, après avoir vécu dans l'intimité de son père, lui confièrent l'éducation de leurs enfants. Sa parole élégante et persuasive, mieux appropriée encore aux chaires de la capitale qu'à celles du Midi, groupa autour de lui un auditoire d'élite. Jamais son cœur ne l'inspira plus heureusement que dans ses appels à la charité chrétienne vis-à-vis d'une pressante catastrophe; après le sermon sur la solidarité chrétienne qu'il prononça le 25 janvier 1863 en faveur des ouvriers cotonniers de la Seine-Inférieure, la quête s'éleva à plus de 15,000 francs. Dans d'autres discours sur « la tradition protestante » (1858), sur « les minorités chrétiennes » (1862), sur « l'unité de l'Église »(1864), il ne craignit pas d'aborder les questions de principe et de plaider la cause de la largeur et du spiritualisme évangéliques. Pour apprécier l'œuvre accomplie par lui de 1848 à 1864, nous nous bornerons à ce passage du rapport présenté par M. Martin Paschoud au conseil presbytéral dans la séance où ne furent pas renouvelés les pouvoirs de son suffragant : « Si, d'un côté, je souffrais amèrement de ne pouvoir remplir toutes les fonctions du ministère, de l'autre, et par une compensation dont je bénis la providence, ma conscience pastorale était parfaitement tranquille par le choix de mon suffragant. Sous tous les rapports, en vue de tous les intérêts, de tous les besoins de l'Église, il ne me laissait rien, absolument rien à désirer : zèle, activité, piété, talent, cordialité, bienveillance, instruction, dévouement, tout ce qui, de nos jours et dans notre cité, doit faire le pasteur, l'apôtre, le propagateur de la vérité chrétienne se trouvait, à mon gré, réuni chez M. Ath. Coquerel fils. Il va sans dire que j'avais aussi recherché, personne ne doit s'en étonner, une certaine conformité d'opinions et de croyances, une certaine harmonie dans l'intelligence des doctrines fondamentales, des principes constitutifs du christianisme et de la réformation. Il était tout simple que je profitasse de mon droit de présentation et que je fusse heureux de rencontrer un suffragant aussi rapproché que possible de mes sentiments religieux et aussi qualifié d'ailleurs pour tout le reste. Ce choix fut agréé par le consistoire et, j'ose l'affirmer, l'Église confirma ce choix par son empressement à suivre la prédication de M. Coquerel fils, à lui confier l'instruction des catéchumènes et à réclamer les soins de son ministère. »

On aurait pu croire que le conseil presbytéral confierait à un pasteur aussi remarquablement doué une des premières places vacantes, sinon en vertu d'un droit strict, tout au moins pour reconnaître le bien évident fait par lui aux fidèles. Il n'en fut rien, tout au contraire : les chefs du parti orthodoxe profitèrent de leur majorité, très considérable au sein du conseil, très faible parmi le peuple protestant, pour imprimer à ses fonctions un caractère essentiellement temporaire et ne les renouveler que pour une période, d'abord de trois et ensuite de deux ans. En novembre 1863, fut nommée, sur la proposition de M. Ernest *André*, une commission dite des suffragances, qui choisit pour son rapporteur M. *Mettetal* et conclut à la non-réélection de M. Coquerel. Le conseil lui donna raison à une majorité de douze voix contre trois et une abstention.

Les motifs invoqués à l'appui d'une mesure aussi grave relevaient de deux ordres distincts. Dogmatiquement, M. Coquerel était accusé d'entendre tout autrement que la majorité du conseil la plupart des articles fondamentaux des anciennes confessions de foi ; de rejeter certaines déclarations du symbole des apôtres et, entre autres, la naissance surnaturelle du Sauveur ; d'entretenir une compromettante solidarité avec les représentants les plus hardis de la nouvelle école, jusqu'à appeler M. Renan dans un compte rendu de la *Vie de Jésus* « son cher et savant ami », et à se faire remplacer pour des prédications à l'oratoire par MM. *Colani* et *Réville*. Sous le rapport ecclésiastique, on lui reprochait d'avoir pris vis-à-vis de la majorité du conseil presbytéral une position ouvertement hostile et de soumettre à une critique acerbe tous ses actes et toutes ses délibérations, d'avoir transporté jusque dans la chaire chrétienne l'écho des luttes électorales par son sermon sur « les Minorités », d'avoir fait œuvre de séparatisme en instituant un diaconat particulier qui s'étendait sur toutes les paroisses de Paris ; enfin d'être le chef et l'inspirateur de l'Union libérale, quoique son nom ne figurât pas ostensiblement parmi ceux des membres du comité. Le suffragant incriminé répondit, dans la séance du 5 février, par une apologie de la liberté de conscience pleine de force, de calme et de dignité. Nous contreviendrions à l'esprit de ce recueil, si nous entreprenions de discuter en détail soit les griefs formulés par l'honorable rapporteur, soit les arguments qui lui furent opposés par M. Coquerel et ses amis. Nous nous bornerons, soit pour la question théorique, soit pour la question pratique, à donner deux courtes appréciations émises l'une par M. *Nefftzer*, l'autre par M. Coquerel lui-même.

« Nous ne doutons pas », disait l'éminent rédacteur du *Temps* dans son journal, numéro du 3 mars, « que la décision du
» conseil presbytéral de l'église réformée
» de Paris n'ait été inspirée par les
» meilleures intentions ; mais nous ne
» pouvons considérer ici ni les tendan-
» ces ni les personnes, nous ne pou-
» vons considérer que les principes.
» Au point de vue des principes, la dé-
» cision du conseil presbytéral est une
» monstruosité et un révoltant abus de
» pouvoir. Il n'y a dans le sein du chris-
» tianisme qu'une seule autorité doctri-
» nale vivante : cette autorité est le
» pape. La raison d'être du catholi-
» cisme est de la reconnaître ; celle du
» protestantisme et de toutes les sectes
» protestantes est de ne pas la recon-
» naître, et de placer dans la conscience
» de l'individu l'autorité supérieure et
» décisive. Les catholiques éclectiques
» ne sont pas des catholiques ; les pro-
» testants autoritaires ne sont pas des
» protestants. En élevant la prétention
» de trancher des questions doctrinales,
» le conseil presbytéral s'est méconnu,
» et a commis une véritable usurpation
» de fonctions. Comment n'a-t-il pas

» compris que, si une autorité est né-
» cessaire, il faut immédiatement re-
» monter à l'autorité la plus presti-
» gieuse et la plus consacrée ? — De
» quel droit, de quel bon sens vient-il
» régler ce que le pasteur doit prêcher
» et ce que les fidèles doivent s'appro-
» prier ? — De quelle autorité s'inter-
» pose-t-il entre la conscience de M. Co-
» querel fils et les consciences qui
» avaient trouvé en M. Coquerel le guide
» de leur choix ? — Quelle consolation,
» quelle compensation apporte-t-il à ces
» consciences qu'il blesse et qu'il frus-
» tre ? — Nous le cherchons et nous ne le
» trouvons pas ». M. Pédézert étant convenu, dans l'*Espérance* (nº du 12 décembre 1864), que le véritable motif de la mesure prise par le conseil presbytéral devait être cherché dans le refus de l'Union libérale de se dissoudre elle-même, le pasteur frappé fit entendre, dans le *Lien* du 24 décembre, ce noble langage : « Si contre toute attente l'Union
» avait pu se méprendre sur ses devoirs
» et se manquer à elle-même, au point
» de se retirer pour faire nommer
» M. Coquerel fils, soit pasteur suffra-
» gant, soit même pasteur titulaire,
» celui-ci tient à déclarer hautement ici
» qu'il n'aurait jamais accepté un arran-
» gement pareil. Les membres de l'église
» réformée de Paris ont le droit et l'obli-

» gation impérieuse de défendre leurs
» consciences et celles de leurs enfants
» contre l'exclusivisme et l'esprit de parti.
» D'ailleurs, malgré la douleur pro-
» fonde, et plus profonde qu'il ne peut
» l'exprimer, que lui cause depuis près
» d'un an l'injuste coup qui l'a frappé
» au milieu d'un ministère encouragé et
» béni, malgré l'intensité des senti-
» ments avec lesquels l'Église, blessée
» plus encore que lui, a partagé cette
» douleur, M. Coquerel fils ne se croit
» pas nécessaire. Dieu n'a besoin d'aucun
» de nous, et celui qui écrit ces lignes ai-
» merait mieux ne jamais remonter dans
» la chaire, qu'il a tant aimée, que d'y re-
» paraître au prix d'un acte qui serait un
» abandon des droits des consciences, une
» infidélité envers Dieu, une lâcheté ».

M. Coquerel occupa pour la dernière fois, le 28 février, la chaire de l'Oratoire et prononça devant un auditoire, où tous les cœurs battaient à l'unisson du sien, cet admirable *Sermon d'Adieu*, qui commençait par ces mots d'une poignante simplicité : « Je ne suis plus votre pasteur ». L'émotion générale se traduisit par une protestation rédigée au sortir du culte et sur le seuil même du temple. Les 5,000 signatures qui la couvrirent ne parvinrent pas toutefois à modifier les résolutions du conseil presbytéral et du consistoire de Paris.

La décision du 24 février ne fut pas moins douloureusement sentie en province et surtout dans les églises du Midi, chez ces populations huguenotes si fières des souffrances de leurs ancêtres et dans lesquelles se perpétue avec une si louable fidélité la véritable tradition libérale, le pur et glorieux esprit du protestantisme. Dix-sept consistoires et vingt-huit conseils presbytéraux manifestèrent hautement leur désapprobation. L'adresse qu'envoya, le 6 mars, le consistoire de Nîmes à toutes les églises réformées, forme avec l'apologie du conseil presbytéral de Paris (2 mars) un bienfaisant contraste et demeure un modèle de fermeté dans la modération, de haute et chrétienne sagesse. Dans la correspondance privée de M. Coquerel, nous avons rencontré plus d'une lettre de sympathie signée par des pasteurs qui ont toujours fait preuve d'un scrupuleux attachement à la dogmatique traditionnelle, d'autres qui émanaient des vétérans du libéralisme : MM. Munier, Reuss, de Clausonne. Le prédicateur exclu des temples de Paris fut aussitôt appelé à occuper la chaire d'un grand nombre d'églises et chargé officiellement de présider à des consécrations de pasteurs et de lieux de culte (églises : Nîmes, le Havre, Montauban, Strasbourg, Dieppe, Nancy,

Royan, Clairac, Tonneins, Poitiers, etc. — (Sermons : *Les choses anciennes et les choses nouvelles*, *l'Egoïsme devant la croix*, *La science et la religion*, *Expansion et compression.*)

Parmi les nombreux et cordiaux témoignages d'adhésion qui vinrent de l'étranger, nous relèverons ceux donnés par quinze pasteurs et professeurs de Genève, par l'Association unitaire Britannique et Étrangère, l'Union pastorale de Boston, l'Université de Leyden, les Églises d'Utrecht, de Rotterdam, d'Amsterdam. (Voir parmi les journaux religieux : en Allemagne, la *Gazette protestante* de Berlin, les *Gazettes ecclésiastiques* de Heidelberg et de Darmstadt ; dans les pays de langue anglaise, l'*Inquirer*, le *Christian Register*, l'*Unitarian Herald.*) La presse politique s'empara, dès le début, d'une affaire qui semblait ne pas devoir franchir l'étroite enceinte de nos débats ecclésiastiques. Les organes libéraux de la France et de l'étranger se prononcèrent à peu d'exceptions près en faveur de l'ex-suffragant de M. Martin-Paschoud, moins encore à cause de ses éminentes qualités que parce que, en sa personne, il était porté atteinte au grand principe de la liberté de conscience. (*Siècle*, *Opinion nationale*, *Courrier du Bas-Rhin*, *Phare de la Loire*, *Indépendance belge*, *Italie*, *Times*,

Galignani, Athenæum, Spectator.) Nous nous bornerons dans cette longue série à rappeler les articles de MM. Nefftzer et Scherer dans le *Temps*, Emile de Girardin dans la *Presse*, Eugène Forcade dans la *Revue des Deux Mondes*, Ch. Dollfus dans la *Revue germanique.* Au point de vue de la jurisprudence ecclésiastique, on consultera avec fruit le mémoire inséré dans le *Lien* du 12 mars 1864 par M. *Jalabert.*

Par une étrange ironie du sort, la décision du conseil presbytéral avait frappé un pasteur doux et facile entre tous, auquel répugnaient les solutions violentes et qui siégeait volontiers au centre gauche théologique. La lutte lui avait toujours été pénible, mais, du jour où la nécessité lui en fut démontrée, il l'accepta avec toutes ses amertumes et ne trompa aucune des espérances qu'avaient mises en lui les amis du progrès. Les sympathies qui affluaient de toutes parts furent mises par lui à profit pour grouper en un solide faisceau les forces jusque-là éparses du libéralisme religieux et nouer, avec les églises de l'étranger qui partageaient ses vues, des relations toujours plus intimes. Connu et aimé dès sa jeunesse, en Hollande et dans la Suisse française, il se rendit le 12 juin 1870 à Olten pour y fonder, avec ses nouveaux amis de la Suisse allemande, l'Union Suisse du christianisme libéral, et seconda par des prédications et des conférences, le mouvement provoqué à Neuchâtel par MM. *Desor* et *Buisson*. La Grande-Bretagne lui était depuis longtemps familière, moins encore par un commerce prolongé avec ses meilleurs écrivains que par de fréquents séjours (1857, Londres, Oxford, Manchester, exposition des trésors de l'art avec MM. *Scherer* et *Pécaut*; 1862, 2me exposition universelle, excursion en Ecosse) et de précieuses amitiés (Richard Cobden; Lawrence, membre du parlement et lord-maire; Grant-Duff, secrétaire d'État pour les Indes; doyen Stanley; révérends Beard, Tyler, *Martineau*), mais il fut appelé en 1869 et en 1872, par les unitaires, à prêcher le sermon d'ouverture, soit pour la séance annuelle de l'Union chrétienne libérale, soit pour l'assemblée générale de leur association.

En 1871, il n'avait pas hésité à traverser l'Atlantique pour chercher aux Etats-Unis des secours financiers en faveur de ses orphelinats et de ses autres œuvres de charité, épuisées par la guerre et la Commune. Pendant plus de trois mois (14 août — 18 novembre) de New-York au Mississipi, de Boston à Chicago, de Portland à Philadelphie, il se fit entendre une ou deux fois par dimanche dans les chapelles non seulement des unitaires, mais d'autres associations religieuses ; donna presque chaque jour des conférences applaudies sur les *Deux sièges de Paris*, Rembrandt, Mendelssohn, le *Catholicisme et le Protestantisme ;* retrouva ou forma de chaleureuses amitiés, obtint d'elles des engagements pécuniaires qui furent scrupuleusement tenus et aurait recueilli encore une plus abondante moisson sans l'incendie de Chicago qui pour un temps absorba toutes les ressources comme toutes les pensées. Des deux côtés de l'Atlantique, ses nombreux auditeurs admirèrent l'aisance, la correction, la grâce même avec lesquelles il s'exprimait en anglais comme il l'eût fait dans sa langue maternelle (il publia même en anglais quatre discours : *Etienne, le premier des Martyrs ;* le *Christianisme et le Progrès ;* la *Semence qui croît secrètement* ; la *Violence et le royaume des cieux* (1872). En 1872, la curiosité historique et le culte des vieux souvenirs le poussèrent jusqu'en Transylvanie, où il désirait étudier, de ses propres yeux, les communautés unitaires, vigoureux rejeton au XIXe siècle de celles fondées au XVIIe par les sociniens polonais (lire l'intéressant récit de son voyage dans la *Revue politique et littéraire* du 1er novembre 1873).

M. Coquerel ne fut jamais plus complètement le pasteur de la moitié de l'Église de Paris qu'à partir de ce vote du 14 février 1864, qui lui retirait toute fonction officielle. Le lendemain de son sermon d'adieu furent ouverts, par les soins de l'Union libérale, deux nouveaux lieux de culte : l'un, dans la grande salle de la Société d'horticulture, 84, rue de Grenelle-Saint-Germain ; l'autre, au numéro 3 du boulevard Richard-Lenoir. Le 3 janvier 1870, ces réunions religieuses prirent un caractère permanent et se transportèrent dans un endroit plus central, la salle Saint-André. Outre ces services pour les adultes, furent organisées trois écoles du dimanche. M. Coquerel, dans la lettre qu'il adressait, le 26 février 1874, aux membres libéraux de l'Eglise de Paris, pouvait déclarer avec une légitime satisfaction que, pendant les dix années de son libre ministère, il avait baptisé 192 enfants, célébré 184 mariages, présidé 199 services funèbres et préparé à la communion 491 jeunes hommes et jeunes filles, sans parler d'innombrables visites faites à des malades et à des mourants. Quelques-uns de ses amis l'engagèrent, à diverses reprises, à fonder une communauté autonome; mais bien qu'en théorie il se montrât partisan de la séparation de l'Eglise d'avec l'État, il s'y refusa toujours, autant par esprit de conciliation que par un filial respect pour les glorieuses traditions de la Réforme.

Si grandes qu'aient été ses capacités intellectuelles, elles ont été dépassées par la noblesse et la générosité de son caractère. Sa vie fut toute d'ardente piété, d'abnégation sans réserve, de sacrifice incessant et continu. Au travers des plus pénibles épreuves, en dépit de la difficulté des temps et de la mauvaise volonté des hommes, il demeura jusqu'à la fin fidèle à sa vocation de pasteur, et se fit porter dans la chaire de Saint-André pour y célébrer le culte, plutôt que de s'avouer vaincu par la maladie. Entre les multiples fonctions du ministère évangélique, deux surtout furent cultivées par lui avec un persévérant amour : le soin des pauvres et l'instruction religieuse de la jeunesse.

Peu d'éducateurs se sont fait une idée aussi haute de leur mission et ont adressé à l'intelligence et à la conscience de leurs disciples un plus constant appel. Nous n'avions pas besoin de lire sa correspondance pour nous convaincre de l'irrésistible attrait exercé par sa personne, comme de l'impression durable laissée par son enseignement. Quelques-uns des meilleurs volumes de M. Coquerel sont le résumé d'études primitivement entreprises en vue du *Catéchisme de persévérance*, pour lequel il aimait à réunir ses élèves les plus instruits avec leurs familles : *le Catholicisme et le Protestantisme* (1864), *la Conscience et la Foi* (1867), *Histoire du Credo* (1868). Entre toutes les œuvres excellentes qui durent à son ingénieuse activité leur naissance ou leur développement, nous nous contenterons d'indiquer : *la Réunion protestante de charité*, recrutée parmi ses anciens catéchumènes, les deux orphelinats de Belleville et de Richard-Lenoir [1]; *la Société de prévoyance et de secours mutuels du faubourg Saint-Antoine*, la bibliothèque Saint-André, *la Société pour les publications protestantes libérales*, etc. Chaque fois qu'il s'agissait d'une bonne œuvre ou d'une entreprise patriotique, on le trouvait toujours prêt. Le 23 mai 1875, à peine convalescent de la phlébite qui avait failli l'emporter, il entretenait un sympathique auditoire de *Nos Devoirs envers la science*, et organisait une collecte pour les familles des victimes du *Zénith*, les aéronautes Sivel et Crocé-Spinelli. Les dernières lignes qu'il ait écrites sont l'exorde d'un discours qu'il se proposait

1. Ce dernier, fondé en 1872, transporté du modeste local qu'il occupa d'abord, rue Richard-Lenoir dans un bel édifice de l'avenue Philippe-Auguste, n'a cessé d'être dirigé par un comité de dames dévouées et généreuses, institué par Ath. Coquerel fils et présidé encore aujourd'hui par madame *Dorian*, veuve du très regretté ministre des travaux publics pendant le siège de Paris.

de prononcer en faveur des inondés du Midi.

La réputation oratoire de M. Coquerel père avait laissé à son fils un pesant héritage qu'il soutint en le transformant. Son éloquence, moins puissante et moins grandiose, se distinguait par le charme, la limpidité, l'intimité et aussi par la solidité théologique; sa parole, toujours abondante et facile, reflétait, comme dans un pur miroir, les grâces et les profondeurs de son esprit, comme les élans généreux de son âme. Il n'imposait point d'autorité ses croyances à ses auditeurs, mais les associait à son travail intellectuel, et ne désirait rien tant que de gagner leur libre adhésion. La familiarité s'unissait chez lui à l'élévation, et, de l'avis de tous les connaisseurs, il réussit mieux dans le genre plus spontané et plus moderne de l'homélie que dans celui du sermon classique. A mesure qu'il avança dans le ministère, deux buts s'imposèrent toujours plus impérieusement à ses efforts : amener la France au protestantisme, lui prêcher une religion vivante, affranchie de tout formalisme, sympathique à toutes les conquêtes de la société moderne. L'état habituel de souffrance auquel il fut condamné pendant les dernières années de sa vie imprima à sa prédication un caractère tout ensemble doux et grave. Il profita de ses loisirs forcés pour composer sous le titre de : *Solennités chrétiennes* (1875), une série de cantiques destinés au culte. Lorsque, le 27 juin 1875, après une longue absence, il réunit de nouveau autour de lui sa communauté, sa parole revêtit un caractère de majesté inaccoutumée. Jamais sa pensée ne fut plus virile, jamais ses convictions, si libres et si fortes, ne s'exprimèrent en un aussi magnifique langage. Le discours sur *les Eglises et l'Esprit* peut être regardé à bon droit comme son testament spirituel.

Outre les sermons que nous avons eu l'occasion de mentionner dans le cours de ce travail, nous indiquerons encore : *Sermons et homélies* (deux recueils, 1855 et 1858); *Elan vers Dieu* (1862); *Que doit être l'autorité du ministre de Jésus-Christ ?* (1863); *la Charité sans peur*, *Pourquoi la France n'est-elle pas protestante ?* (1866); *Evangile et liberté* (1869); *le Père, le Fils et le Saint-Esprit* (1870); *Hardiesse*, *Sois un homme* (1872); *Quelle était la religion de Jésus?* (sept discours, 1873).

La chaire chrétienne, avec les inévitables limites qu'elle impose, n'aurait pas permis à M. Coquerel de se révéler dans sa plénitude, tandis que la conférence offrit un cadre merveilleusement approprié à la richesse et à la variété de son talent. De bonne heure, dans la vie privée, il s'était montré un charmant causeur, pétillant d'esprit et de verve, ayant sur tout sujet des connaissances solides et des aperçus nouveaux, élevant sans effort ses interlocuteurs jusque dans les sphères sereines où se mouvait ordinairement sa pensée. Devant le grand public, il procéda avec la même aisance et réussit à captiver les auditoires les plus difficiles et les plus délicats. Toutes les notes étaient à sa disposition, depuis les plus fines et les plus légères, jusqu'aux plus graves et aux plus pathétiques. D'habitude, il se plaisait dans les régions d'une aimable humeur, à l'exemple de Franklin et de Socrate ; mais, aussitôt qu'une généreuse passion s'emparait de lui, il atteignait d'un coup d'aile jusqu'aux plus hauts sommets oratoires. Lorsque, dans les dernières années du second Empire, furent organisées les conférences libérales, le comité réclama son concours, et, quoiqu'il eût pour collègues les maîtres les plus experts dans l'art de bien dire : Laboulaye, Legouvé, Saint-Marc-Girardin, Jules Favre, Jules Simon, il produisit, dès le début, une profonde et sympathique impression. Après sa conférence sur *la Guerre* (25 avril 1869), l'enthousiasme prit de telles proportions que M. Coquerel dut sortir par une porte de derrière, afin de ne pas être porté en triomphe par des ouvriers qui, quelques heures auparavant, le connaissaient à peine de nom. Celle sur *le Rachat du territoire* (2 mars 1872) aboutit, tant en engagements qu'en numéraire, à une somme de 61,402 francs. Des applaudissements tout aussi mérités accueillirent les conférences sur *l'Etroitesse d'esprit* (avril 1870), *De la poudre et du pain* (1er octobre 1870), *Mendelssohn et la réformation* (6 novembre 1870). Les discours que, pendant le siège, il prononça dans différents clubs et dont quelques-uns ont été recueillis sous le titre de : *Libres paroles d'un assiégé* (1871), et, avant tout, son apologie des protestants, accusés de connivence avec la Prusse, rendirent visible aux yeux de tous la flamme intérieure qui animait cette âme éminemment douce et pacifique.

Après l'orateur, le publiciste. Dès son pastorat de Nîmes, M. Coquerel fut un actif collaborateur du *Lien*, dont, après la mort de son oncle Charles, il devint le rédacteur en chef. Ses fréquents voyages (7 en Italie, 1 en Espagne, 1 à Alger et en Kabylie, 1 à Constantinople, 1 en Palestine et dans la basse Égypte, 4 en Allemagne et en Autriche, 1 en Russie et dans les pays du Nord, sans parler de ceux que nous avons déjà eu l'occasion de mentionner), ses vastes lectures, les relations d'amitié qui l'unissaient à plusieurs étrangers de distinction, lui fournirent l'inépuisable matière d'articles, dont un trop petit nombre a été réuni dans *les Libres études* (1864).

M. Coquerel, de même qu'il avait accepté l'héritage d'éloquence légué par son père, poursuivit la tâche de réhabilitation si vaillamment commencée par son oncle vis-à-vis des huguenots du Désert. Il n'est même, dans l'histoire du protestantisme français, aucune période qui n'ait été l'objet de ses actives et intelligentes recherches.

En dehors de la mine toujours féconde des papiers Paul Rabaut, il se livra à d'intéressantes recherches dans les archives de Paris, de Toulouse, de la Hollande, ainsi que dans les collections particulières dont il lui fut accordé l'accès. La *Société pour l'histoire du protestantisme français* le compta parmi les membres les plus zélés de son comité, après l'avoir inscrit en 1852 au nombre de ses fondateurs. Sans parler des *Lettres inédites de Voltaire sur la tolérance* (1863), pub. avec une introduction et des notes, de quelques opuscules substantiels dans leur brièveté, tels que la *Vie et la Mort de Wolfgang Schuch, martyr* (1853); la *Saint-Barthélemy*, pour laquelle il admet la préméditation (1859); la notice sur *Samuel Vincent*, placée en tête de la nouvelle édition des *Méditations religieuses* (1863), ainsi que d'articles insérés dans différents recueils : les *Temples de Paris*, dans le *Paris-Guide*; la *Réformation*, l'*Emancipation des protestants*, l'*Edit de Nantes*, dans le *Dictionnaire politique* de M. Maurice Block, le nom de M. Coquerel demeure attaché dans le domaine historique à trois écrits excellents de tout point : *Jean Calas et sa famille* (1857, 2e édition, 1869), que Michelet ne craignait pas d'appeler un chef-d'œuvre; le *Précis de l'histoire de l'Eglise réformée de Paris*, dont la première partie seule (1512-1594) a été achevée (1862), tandis qu'il n'a paru que quelques fragments de la deuxième partie en 1867 dans le *Bulletin pour l'histoire du protestantisme français;* les *Forçats pour la foi*, où nous trouvons une liste aussi complète que possible de ces héroïques confesseurs (1866).

Son tact exquis, développé par une longue expérience, en avait fait pour l'esthétique un juge des plus compétents, ainsi que le prouvent ses *Beaux-Arts en Italie* (1857) et son *Rembrandt* (1869). M. Charles Blanc regarde ce dernier comme l'étude la plus exacte et la plus impartiale qui ait été publiée en France sur le grand maître d'Amsterdam. Il est regrettable qu'une mort prématurée ait empêché M. Coquerel de mener à bonne fin un ouvrage plus considérable sur l'*Art chez les protestants*, dont il avait recueilli les matériaux au cours de ses voyages par une fréquentation assidue des musées et dont nous avons retrouvé dans ses papiers, avec le plan, quelques chapitres sur Durer, Holbein, Thorwaldsen, Ary Scheffer.

Quant à la théologie enfin, M. Coquerel, après avoir été instruit par son père et ses professeurs de Genève dans les doctrines du vieux libéralisme, était arrivé graduellement et sans crise violente, par une libre et consciencieuse recherche, aux thèses de l'école moderne, dans ce qu'elles ont de meilleur et de plus incontestable. Dans sa *Profession de foi* (1864), il se justifie des prétendues hérésies qui venaient de lui être imputées par le conseil presbytéral et exposa à ses amis ses véritables croyances ; dans l'*Education des filles* (1868), il réfuta les accusations lancées par Mgr Dupanloup contre nos coreligionnaires et dénonça aux mères françaises les dangers du cléricalisme ; enfin, dans les *Premières transformations historiques du christianisme* (1869), il résuma les vastes travaux de MM. Reuss et Michel Nicolas sur ces matières si discutées. Il serait injuste de passer sous silence le zèle éclairé que déploya M. Coquerel dans la question dite des *Versions bibliques* (1863), et la part active qu'il prit à une nouvelle traduction des livres saints dont les fascicules parus, par leur élégante précision, font regretter l'ajournement de l'ensemble. Les fatigues quotidiennes du pastorat l'empêchèrent aussi d'accomplir un projet qui lui tenait tout spécialement à cœur et dont nous avons retrouvé dans ses papiers de nombreuses traces : une *Histoire comparée des religions*.

Les dernières années de M. Coquerel furent assombries par les événements qui se pressèrent dans le monde politique et religieux. Le non renouvellement de ses fonctions officielles lui avait laissé une blessure toujours saignante, malgré son inaltérable douceur et son apparente sérénité. Pendant le siège de Paris, sa charité chrétienne et son patriotique dévouement accomplirent de véritables prodiges. Il organisa, avec le concours de ses amis libéraux, quatre ambulances, et il allait ramasser lui-même les blessés jusque sous le feu de l'ennemi. Au combat de Bagneux, un de ses compagnons, voyant qu'il allait toujours de l'avant, sans se préoccuper du danger, lui dit : « Mais vous courez à une mort certaine. « N'importe, » répondit M. Coquerel, « n'est-ce pas à une mort glorieuse ? » Ces quelques paroles, dans leur simplicité, peignent à merveille l'héroïsme spontané qui l'anima pendant tout son ministère.

Aussi longtemps que dura le second empire, M. Coquerel, sans faire mystère de ses convictions progressives, se tint à l'écart de toute politique active; mais, après la révolution du 4 septembre, la situation s'offrit à lui sous un autre aspect. Républicain de la veille, persuadé que la question religieuse, entre toutes celles qui s'imposeraient aux délibérations de l'assemblée nationale, l'emportait en urgence et en gravité, désireux de continuer sur ce point également les traditions paternelles, il se présenta pour la députation à Paris lors des élections du 8 février et du 2 juillet 1871, mais échoua avec une minorité, la première fois de 46,143, la deuxième, de 67,134 suffrages. Le synode de 1871 ajouta encore à ses douleurs, puisqu'il y combattit inutilement en faveur de la liberté des opinions, au sein de l'Eglise réformée, et ne put empêcher la majorité de voter une confession de foi dogmatique.

Une phlébite, dont il avait contracté le germe pendant le siège, obligea M. Coquerel à passer l'hiver de 1874 en Sicile, et il n'était encore qu'imparfaitement rétabli lorsque, le 27 juin 1875, il reprit possession de sa chaire de Saint-André; mais, disait-il avec un mélancolique sourire, dans une réunion de l'Union protestante libérale tenue peu auparavant chez Mme *Thuret*: « On peut bien de la magistrature debout passer à la magistrature assise, n'est-il pas vrai ? et continuer à faire quelque bien. » Une embolie, conséquence de la phlébite, l'emporta, le 24 juillet 1875, à un moment où l'on nourrissait encore l'espoir d'une guérison, pendant un séjour qu'il faisait auprès de sa sœur, Madame Gay, à Fismes, dans le département de la Marne. Il livra jusqu'à la fin le bon combat de l'esprit et voulut faire de ses funérailles elles-mêmes une protestation en faveur de la liberté de conscience qui, sous le ministère Buffet, à propos des sépultures de dissidents en terre catholique, venait de subir de graves atteintes.

« Mon cher Louis », écrivait-il à M. Gay, le 20 juillet 1875, « si je mou-
» rais chez vous, faites-moi enterrer à
» Fismes, je vous le demande par prin-
» cipe. La loi et la justice ont reconnu
» que tout Français a droit à une sépul-
» ture dans la localité où il tombe ; sur
» ce point-là ne cédez rien. Mettez-moi
» provisoirement où vous voudrez, mais
» non sous terre, car le provisoire s'y
» éterniserait. Consolez ma pauvre et
» énergique femme, ma mère, victime
» une fois de plus, Cécile et mes frères.
» Je crois que le grand peut-être c'est
» la vie éternelle. Ce serait celle-ci seu-

» lement que je bénirais encore Dieu.
» Je crois en lui, sagesse et amour, en
» la parole et les actes sublimes de
» Jésus. Ceux qui m'accusent de ne pas
» croire sont les continuateurs de ceux
» dont il disait à Dieu : « Père, par-
» donne-leur, car ils ne savent ce qu'ils
» font ». Qu'il me pardonne à moi aussi
» et qu'il nous fasse tous monter en
» grade dans la sainteté des progrès. Je
» prie Labourgade[1] d'être à la tête du
» convoi très simple et peu nombreux
» et de ne dire de moi ni bien ni mal,
» mais de parler de Dieu et de Jésus
» le plus moralement et religieusement
» qu'il pourra. Je vous aime et vous ho-
» nore. Qu'on se souvienne encore un
» peu de moi. Votre frère, Ath. Coque-
» rel. »

Son testament (10 août 1873) respire la même virilité huguenote : « J'inter-
» dis absolument pour mes funérailles
» un service religieux dans un temple
» quelconque, toute invitation à qui que
» ce soit et je demande instamment que
» le pasteur se borne à dire : Dieu est
» esprit et il faut que ceux qui l'a-
» dorent, l'adorent en esprit et en vé-
» rité. Nos légères afflictions du temps
» présent produiront en nous le fruit
» éternel d'une gloire infiniment excel-

1. M. *Labourgade*, pasteur de Reims.

» lente. Amen. Après quoi il récitera l'o-
» raison dominicale seule. » (STRŒHLIN.)

Il n'a été parlé que très discrètement (page 25) dans l'article qui précède des dissentiments qui éclatèrent entre M. Adolphe Monod et M. Athanase Coquerel et d'où nâquit, dans l'église de Paris, une agitation qui n'est pas entièrement calmée. Au moment où cet article s'imprime, nous trouvons dans le *Journal du protestantisme français* (30 mars 1883), journal inspiré par le désir d'unir la fidélité orthodoxe avec le respect des tendances libérales, un portrait de ces deux pasteurs saisissant de vérité :

M. Monod personnifiait l'orthodoxie absolue. Il prêchait la grâce et les doctrines de saint Augustin. Ses préférences pour les épîtres de saint Paul, le choix de ses sujets, le langage de ses sermons révélaient une sorte de mysticisme. Il semblait croire à la prédestination. Il aimait à effrayer son auditoire par la crainte d'un châtiment presque inévitable dans la vie future. Dans un sermon prêché à l'Oratoire, après avoir tracé un tableau saisissant des mérites et des vertus du chrétien, nous l'avons entendu ajouter ces paroles significatives : *Voilà le chemin, le seul, il n'y en a pas d'autre.* Enfin, M. Monod était un grand orateur avec des allures et parfois un langage de Dominicain; Lacordaire l'appréciait beaucoup.

Toute autre était l'éloquente parole de

M. Coquerel qui attirait à lui protestants et catholiques, calvinistes et luthériens, savants et ignorants, orthodoxes et rationalistes. Il disait à tous :

« La religion doit avoir pour devise : amour et charité, fraternité et support. L'Évangile n'est ni une science philosophique, ni un recueil de dogmes ; c'est un ensemble de préceptes et de simples vérités pour servir de modèle dans la conduite de la vie et les devoirs pratiques du chrétien. Les corps ecclésiastiques ont entassé doctrine sur doctrine, mystère sur mystère pour rendre la religion inaccessible aux petits et aux ignorants. Tel n'a pu être le dessein de Dieu, qui savait qu'il y aurait toujours des ignorants et des petits. Avant de vous demander ce que vous avez cru, le juge suprême vous demandera comment vous avez vécu, quel bien vous avez fait pour soulager vos frères malheureux et servir d'exemple aux faibles et aux égarés. L'intolérance et l'obscurantisme ont fait beaucoup de mal ; soyez tolérant, allez vers ceux qui souffrent, à quelque foi qu'ils appartiennent ; allégez les misères, quelle que soit leur croyance. »

Quand on parle d'Athanase Coquerel comme orateur, sa réputation est encore si grande et si bien gravée dans les esprits qu'on pourrait croire que ses sermons étaient des chefs-d'œuvre de dialectique, d'argumentation profonde, de haute philosophie. Il n'en est rien. Ses discours brillaient par une clarté, une simplicité, une ordonnance qu'on pourrait qualifier d'inimitable. Un enfant quelque peu exercé de mémoire les aurait retenus. Ses explications et ses commentaires des textes obscurs étaient comme des traits de lumière projetés dans une nuit profonde. Chacune de ses prédications était une fête de l'esprit en même temps qu'une familiarisation plus grande avec la Bible.

www.ingramcontent.com/pod-product-compliance
Ingram Content Group UK Ltd.
Pitfield, Milton Keynes, MK11 3LW, UK
UKHW022105170726
13837UKWH00003B/1080

9 782019 960988